Inhalt

Wer bin ich und wenn ja &? - Nachdenken über das Geschäftsmodell

Kernthesen

Beitrag

Fallbeispiele

Weiterführende Literatur

Impressum

…

Wer bin ich und wenn ja &? - Nachdenken über das Geschäftsmodell

Robert Reuter

Kernthesen

- Das Geschäftsmodell ist heute ein viel benutzter Begriff.
- Im wissenschaftlichen Sprachgebrauch ist der Begriff jedoch noch nicht etabliert. Nach wie vor fehlt eine schlüssige Definition.
- Wichtige Bausteine von Geschäftsmodellen sind der Kundennutzen und die für seine Maximierung getroffenen Entscheidungen durch das Führungspersonal.
- Nur wer das Geschäftsmodell des eigenen

Unternehmens kennt, kann es erfolgreich führen.

Beitrag

Ein schwieriger Begriff

Der Begriff des Geschäftsmodells ist heute weit verbreitet, allerdings noch nicht lange. Rückblickend lässt sich sagen, dass das Geschäftsmodell erst mit der so genannten New Economy am Anfang des neuen Jahrtausends in den Sprachgebrauch Einzug hielt. Die damalige Schwemme neuer Ideen, wie man mit dem Internet Geld verdienen könnte, rückte die Frage nach dem eigentlichen Geschäftsmodell in den Fokus. Heute wird der Begriff auch auf "herkömmliche" Unternehmen angewendet, etwa bezüglich der Landesbanken. Diese kranken nach einhelliger Meinung daran, gar kein Geschäftsmodell zu besitzen, was sich bis 2008 im stümperhaften Umgang mit gefährlichen Sub-Prime-Papieren niederschlug.

Trotz des heute inflationären Gebrauchs dieses Begriffs ist allerdings meistens nicht klar, was damit genau gemeint ist. Eine einheitlich anerkannte Definition liegt nicht vor, so dass das

Geschäftsmodell ein schwammiger Begriff bleibt, dessen Verhältnis beispielsweise zur Strategie noch nicht geklärt ist. Nach jetzigem Stand ist damit festzuhalten, dass der so oft gebrauchte Begriff zumindest in der Wissenschaft noch nicht etabliert ist.

Neuere Vorschläge für eine einheitliche Definition sehen das Geschäftsmodell als die Summe all jener Elemente und Bestandteile eines Unternehmens, die dem Kundennutzen dienen. In dieser Betrachtungsweise wären Geschäftsmodelle die Grundpfeiler der Strategie. Wichtig ist bei der Betrachtung von Geschäftsmodellen das Verständnis ihres systemischen Charakters. So lässt sich das Modell zwar immer in Elemente und Komponenten unterteilen, entscheidend bleibt aber das Zusammenspiel. Ein gutes Geschäftsmodell zeichnet sich damit durch intelligent aufeinander abgestimmte Unternehmensbestandteile aus, die der Firma in der Summe manchmal ein Alleinstellungsmerkmal, zumindest aber ein Differenzierungskriterium gegenüber den Wettbewerbern verschaffen. Dabei wird die Andersartigkeit von Unternehmen heute immer weniger durch die hergestellten Produkte manifestiert. Da die Produktzyklen kurz sind, steht bei der Analyse des eigenen Geschäftsmodells eben nicht der faktische Output im Mittelpunkt, sondern die Fähigkeit, auch in der Zukunft erfolgreich am Markt zu agieren. So wäre beispielsweise der finnische Handy-Hersteller Nokia angesichts seiner früheren Marktmacht nie auf die Idee gekommen, das eigene Geschäftsmodell in Frage zu stellen. Gleichwohl war es im Grunde lediglich die Präsentation eines einzigen Konkurrenzmodells - das iPhone von Apple -, das den ganzen Konzern ins Wanken brachte und bringt. Damit wird klar, dass Konkurrenzprodukte das eigene Geschäftsmodell zwar durchaus aushebeln können, diese aber über die eigene Zukunftsfähigkeit nur wenig Auskunft geben.

Das Geschäftsmodell eines Unternehmens ist somit nicht auf die Feststellung seiner Innovationskraft oder seiner Produktqualität beschränkt, sondern muss als System verstanden werden. Die Wettbewerbsfähigkeit eines Unternehmens ist damit das Resultat eines vielschichtigen Ganzen. In der aktuellen wissenschaftlichen Diskussion treten darum die vom Management getroffenen, richtungsweisenden Entscheidungen - neben dem Kundennutzen - in den Mittelpunkt der Betrachtung. Für eine Analyse des Geschäftsmodells sind die Entscheidungen der Führung damit wichtige Elemente, allerdings auch nur dann, wenn sie in Bezug zu den Kernelementen einer Firma gesetzt werden können. Solche Kernelemente sind die Produkt-Markt-Kombination, die Konfiguration der

Wertschöpfungskette und die Ertragsmechanik. Das Geschäftsmodell lässt sich damit nach heutigem Stand als ein System aus diesen Kernelementen, ihrem Verhältnis zum Kundennutzen und zugleich als Folge unternehmerischer Entscheidungen begreifen. (1), (2), (3), (4)

Geschäftsmodelle kleiner und mittlerer Unternehmen

Griffige und zugleich wissenschaftlich fundierte Beschreibungen von Geschäftsmodellen fehlen bisher nicht nur bei der Analyse von Großkonzernen. Auch kleine und mittlere Unternehmen (KMU) werden derzeit meist nur pauschal kategorisiert, wobei die Produkte oft im Vordergrund stehen. Wie oben beschrieben, sind solche Ansätze jedoch nicht in der Lage, den systemischen Charakter eines Unternehmens offenzulegen und damit zu konsistenten Aussagen über die eigentlichen Pfeiler des Geschäftsmodells zu kommen.

Gleichwohl geben auch die allgemeinen Charakteristika von KMU Hinweise auf die dahinter stehenden Geschäftsmodelle. So grenzen sich die häufig inhabergeführten Mittelständler von Großkonzernen prinzipiell durch eine meist höhere soziale Verantwortung und durch ein enges

Beziehungsgeflecht mit internen und externen Stakeholdern ab. Darüber hinaus sind mittelständische Unternehmen meist in Marktnischen tätig und können sich besonders flexibel an neue Marktbedingungen anpassen. Auch bei den Unternehmenszielen heben sich KMU von großen Publikumsgesellschaften ab. Statt nach dem Streben nach maximalen Renditen sind die Unternehmen durch ein persönliches Regiment des Inhabers gekennzeichnet, dessen Führungsverhalten auch durch den Wunsch nach Selbstverwirklichung und durch Idealismus gekennzeichnet ist. Abgerundet wird das differenzierende Bild des Mittelstands durch einen niedrigeren Formalisierungsgrad und durch flache Hierarchien. Einer aktuellen Umfrage zufolge sieht das Führungspersonal von Mittelstandsunternehmen diese für fast alle KMU geltenden Spezifika als wichtige Einflussfaktoren auf das Geschäftsmodell.

Über die Geschäftsmodelle des Mittelstands selbst ist hiermit aber noch nichts gesagt. Ein ebenfalls aktueller Vorschlag zur Beschreibung von KMU-Geschäftsmodellen zieht darum so genannte Basistypen heran, die für die Unterscheidung von mittelständischen Unternehmen bereits vor 20 Jahren diskutiert wurden. Nach dieser Klassifizierung kann man den Mittelstand in 1) einfach strukturierte, 2) bürokratische, 3) adhokratische (= unbürokratisch geführte) und 4) diversifizierte Unternehmen unterteilen. Basistyp eins ist demnach ein mittelständischer Nischenanbieter mit einfacher Organisation, der sich durch besonders enge Verbindungen zu Kunden und regionalen Anbietern auszeichnet. Das bürokratische Geschäftsmodell ist demgegenüber stark auf standardisierte Produkte ausgerichtet, was diesem Modell meist die Kostenführerschaft einbringt. Basistyp 3 ist eine Art Freidenker-Club, in dem nur wenige Regeln herrschen und der seinen Mitarbeitern größtmöglichen Freiraum für Kreativität und eigene Ideen lässt. Hauptkennzeichen des adhokratischen Geschäftsmodells ist darum die hohe Innovationskraft. Der diversifizierte Mittelständler ist gekennzeichnet durch eine große Produktvielfalt. Die Unternehmensziele sind ausschließlich monetär und werden durch eine klare Strategie, ein fest installiertes Controlling und durch Anreizsysteme erreicht.

Auch diese Klassifikation wird allerdings bei der Suche nach einer wissenschaftlichen Definition von Geschäftsmodellen nicht den Endpunkt setzen. Vielmehr handelt es sich auch hierbei um eine eher grobe Einordnung, die nur die Grundcharakteristika von KMU-Geschäftsmodellen beschreibt. Was sicherlich fehlt, ist die stärkere Einbeziehung des Kundennutzens und die Berücksichtigung der Art und Weise, wie die weitreichenden Entscheidungen zustande kommen. Die wissenschaftliche Diskussion um das Geschäftsmodell verspricht darum auch zukünftig spannend zu bleiben. (2)

Trends

Neue Geschäftsmodelle durch Big Data

Die wissenschaftliche Beschreibung von Geschäftsmodellen ist nicht zuletzt deshalb so schwierig, weil die Unternehmen einer enormen Anzahl unterschiedlicher Beeinflussungen unterliegen, die es fast unmöglich macht, die für das eigentliche Modell relevanten Parameter herauszufiltern. So steht beispielsweise außer Frage, dass auch die Datenflut unserer Tage - bezeichnet als Big Data - die Geschäftsmodelle von Firmen verändern wird. Big Data verlangt von den Unternehmen zunehmend einen gekonnten Umgang mit allen anfallenden Daten, weshalb Business Intelligence (BI) derzeit drauf und dran ist, zum wichtigsten Trend in der Unternehmensentwicklung zu werden. Wie die Veränderungen durch Big Data aussehen werden, darüber kann derzeit nur spekuliert werden. Im Handel beispielsweise ist zu beobachten, dass Online- und Offline-Welt immer stärker zusammengeführt werden. Im Maschinenbau ist Big Data eng mit dem Begriff Industrie 4.0 verbunden. Hiermit sind Produkte und Maschinen gemeint, die selbstständig miteinander kommunizieren können - und die dabei zweifellos den nächsten Wust wichtiger Daten erzeugen werden. (7)

Fallbeispiele

Geschäftsmodelle großer IT-Unternehmen

Ein aktueller Beitrag unternimmt den Versuch, große IT-Unternehmen hinsichtlich ihrer Geschäftsmodelle zu klassifizieren. Der Softwarehersteller Microsoft verfügt demnach über ein hybrides Geschäftsmodell, das sich durch so genannte Makler-Geschäftsmuster auszeichnet. Eine Besonderheit des Geschäftsmodells von SAP ist demgegenüber die breite Nutzung von Vermieter-Geschäftsmustern, indem das Unternehmen Geld für Lizenzzahlungen durch Kunden verleiht. (5)

T-Online experimentiert mit neuen Geschäftsmodellen

T-Online, das Web-Portal der Telekom, verändert nach und nach sein Geschäftsmodell. Das Unternehmen sucht nach neuen Erlösquellen, um sich von der Werbung unabhängiger zu machen. Auch ein eigener Videokanal namens T-Online.tv soll mehr Geld in die Kasse spülen. (6)

Weiterführende Literatur

(1) Geschäftsmodelle
aus ZFO - Zeitschrift Führung und Organisation
05/2013, S.354

(2) Typologie mittelständischer Unternehmen
aus ZFO - Zeitschrift Führung und Organisation
05/2013, S.348

(3) Die Bedeutung von Geschäftsmodellanpassungen für eine erfolgreiche Sanierung
aus CORPORATE FINANCE biz, Heft 6 vom 9.9.2013, Seite 323 - 332

(4) Business Modeling
aus ZFO - Zeitschrift Führung und Organisation
02/2013, S.137

(5) Wozu Geschäftsmodelle? Der Laden läuft doch!
aus - HMD - Praxis der Wirtschaftsinformati, Heft 292/2013, S. 5-12

(6) T-Online forciert Diversifizierung
aus Horizont 39 vom 26.09.2013 Seite 004

(7) "Big Data verändert Geschäftsmodelle"
aus "Computerwelt" Nr. 17/2013 vom 23.08.2013

Impressum

Wer bin ich und wenn ja &? - Nachdenken über das Geschäftsmodell

Bibliografische Information der deutschen Nationalbibliothek

Die Deutsche Nationalbibliothek verzeichnet diese Publikation in der deutschen Nationalbibliografie; detaillierte bibliografische Daten sind im Internet über http://dnb.d-nb.de abrufbar.

ISBN: 978-3-7379-0273-1

© 2015 GBI-Genios Deutsche Wirtschaftsdatenbank GmbH, Freischützstraße 96, 81927 München, www.genios.de

Alle Rechte vorbehalten. Dieses Werk ist einschließlich aller seiner Teile – z.B. Texte, Tabellen und Grafiken - urheberrechtlich geschützt. Jede Verwertung außerhalb der Grenzen des Urheberrechtsgesetzes bedarf der vorherigen Zustimmung des Verlags. Dies gilt insbesondere auch für auszugsweise Nachdrucke, fotomechanische

Vervielfältigungen (Fotokopie/Mikroskopie), Übersetzungen, Auswertungen durch Datenbanken oder ähnliche Einrichtungen und die Einspeicherung und Verarbeitung in elektronischen Systemen.